監修　山田雄司

文　堀田けい　絵　高橋由為子

- 忍者って、なにする人？ …… 4
- 忍者ヒストリーでナゾをおえ！ …… 6
- MAP TOKYO忍者ロードマップ全図 …… 8
- 忍者ロードの歩き方＜準備編＞ ……10
  - ●忍者の旅の基本アイテム 忍び六具 ……11
- MAP モデルコースA 忍者が守った！ ぐるっと江戸城めぐりコース ……12
  - モデルコースA　チェックポイント ……14
    - ●伊賀と甲賀はライバルだった？ ……15
    - ●忍者はどうやって情報を伝えたの？ ……15
- MAP モデルコースB 服部半蔵ゆかりの四谷寺社めぐりコース ……16
  - モデルコースB チェックポイント ……18
    - ●服部半蔵はひとりじゃない？ ……19
- MAP モデルコースC 伊賀・甲賀の衆がくらしていた青山原宿コース ……20
  - ●忍者の歩き方と忍者食いまむかし ……23
- MAP モデルコースD 忍者がつかえた徳川家ゆかりの港区コース ……24
- 江戸時代の忍者たち ……26
- MAP あそこもここも！ もっと！東京忍者スポット ……28
- MAP 鉄砲隊百人組のつつじの町 ……30
- かわっていく忍者の姿 ……31
- 歩いた道の思い出をまとめよう ……32
- 忍者への道をさがせ！ ……34
- TOKYO 忍者ロードマップをお読みの皆さんへ ……36

ある日、くのちゃんが庭で水まきをしていたら、知らない男の子がとびだしてきた。
あれれ。どこから　あらわれたの？

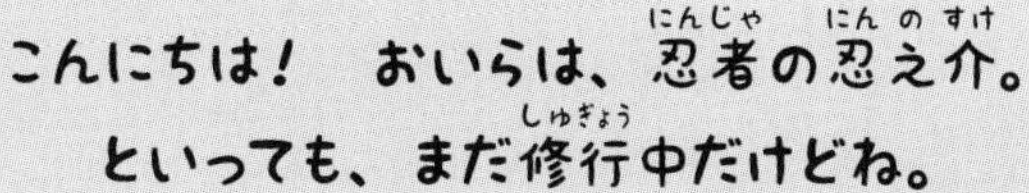

こんにちは！　おいらは、忍者の忍え介。
といっても、まだ修行中だけどね。

ええっ。ホンモノ？
忍者って、マンガや映画の中だけだと思ってた。

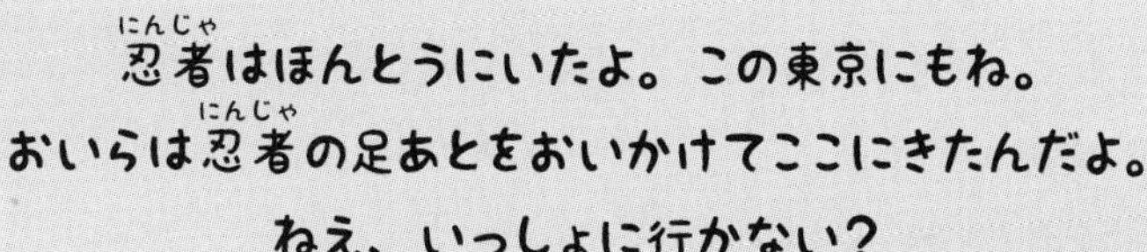

忍者はほんとうにいたよ。この東京にもね。
おいらは忍者の足あとをおいかけてここにきたんだよ。
ねえ、いっしょに行かない？

わぁ、楽しそう！
でも、わたし忍者のことよく知らないんだけど…。

じゃあ出かける前に、
おいらたち忍者のことをすこし話しておこう。

忍者って、なにする人？

強くてカッコよくて、いまや世界中の人たちにも大人気のNINJA＝忍者。
でも、ほんとうの忍者がどこで生まれて、なにをしていたのかは、あまり知られていない。
そこで、東京の町を歩く前に、ほんとうの忍者のことを知っておこう。

忍者はスパイだった!?

忍者がもっとも活やくしたのは、いまからおよそ500年前の戦国時代。武将たちが武力を使って勢力あらそいをくりひろげていたころだ。戦いに勝つためには、敵の情報をイチ早くキャッチしなければいけない。そこで、忍者の出番となる。

忍者は、武将たちにやとわれて敵の情報を集めて知らせる仕事をしていたんだ。敵の館に火をつけたり、ウソの情報で相手を混乱させたり、武器を手に戦うこともあった。変装をしたり、壁をのりこえ暗号を使いこなすなどの忍術も、このために努力して身につけたものなんだよ。

ただし忍者は、その正体をだれにも知られてはならない。これが一番のやくそくごとだ。だから、忍者がどんな人で、なにをしていたか、長いあいだ知られることはなかったんだ。

忍者はどこに住んでたの？

忍者のはじまりは、まだナゾにつつまれている。古くは聖徳太子につかえた人が「志能便」とよばれたという説もある。でもそれが今でいう忍者かどうかは、はっきりとはわかっていないんだ。

ただひとつたしかなのは、どの忍者集団も人里はなれた山奥に住んでいたということ。たとえば、もっとも有名な伊賀や甲賀の忍者一族のふるさとは、都からも遠く、支配者の権力がおよばない山の中だった。そこには、戦乱から逃げてきた人、修行する僧たちもいたらしい。知恵や経験をもち、きびしい山でのくらしを工夫してのりこえている人たちの中から、忍者があらわれたといわれてるんだよ。

いつから「忍者」ってよばれたの？

もともと忍者は「ラッパ」「スッパ」「草」など、地域や流派によってまったくちがう名前でよばれていたんだ。その後書かれた歴史の本では、「忍び」と書かれることが多くなり、「忍術者」とすることもあった。明治時代には、忍者に「シノビノモノ」とふりがなをつけていたし、大正時代には「ニンシャ」と読むこともあったらしい。つまり、長いあいだ、ひとつのよび名にさだまっていなかったんだね。

今のようにだれもが「ニンジャ」というようになったのは、じつは昭和の時代になってからのこと。昭和30年代ごろの忍者小説やテレビの影響で、「ニンジャ」というよび名が広く使われるようになったんだ。

「仮面の忍者赤影」（横山光輝原作）DVD版表紙。1967～1968年に放映の特撮テレビドラマ

「サスケ」（白土三平原作）DVD版表紙。1968～1969年放映のテレビアニメ

忍者ヒストリーでナゾをおえ！

山奥にいた人たちが、どうして忍者になったのか。そして、なぜ東京にまでやってきたのか。代表的な忍者集団である伊賀と甲賀の歴史から、そのナゾをときあかしてみよう。

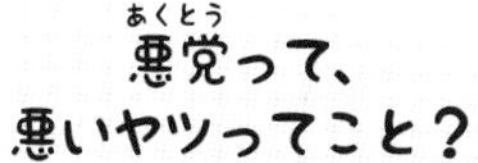

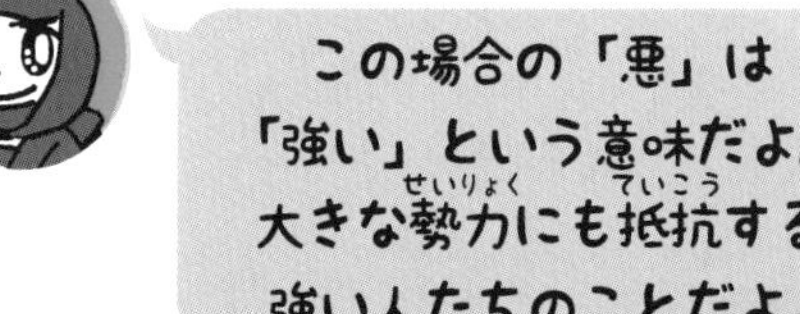

はじまりのカギは「悪党」と「修験道」

奈良時代に、たがやした土地は自分のものにできる「墾田永年私財法」という法律ができた。すると、力のあるお寺や貴族たちが、自分の土地（荘園）をふやそうとしてあらそいはじめたんだ。伊賀でも、杣人といわれるきこり集団が土地を守るため立ち上がり、やがて「黒田の悪党」とよばれて、強い力をもつようになる。これが、伊賀忍者のルーツではないかといわれているんだよ。

役小角・葛飾北斎画

また、伊賀や甲賀の里では、役小角が開いたという修験道がさかんだった。修験道は、きびしい修行で、武術や薬学、呪術などの知識を学ぶ山岳宗教だ。悪党と修験道がむすびついて、忍者の原型ができていったともいわれている。

悪党って、悪いヤツってこと？

この場合の「悪」は「強い」という意味だよ。大きな勢力にも抵抗する強い人たちのことだよ。

忍者が大活やくした戦国時代

やがて、悪党の流れをくむ「地侍」という、土着の武士があらわれた。その中から、敵の情報を集めるのがとくいな者たちがでてきて、武将たちにやとわれて仕事をすることになった。これが忍者のはじまりだ。

とくに甲賀と伊賀の忍者は、「鈎の陣」という戦いで大活やく。人数的に不利だった主君の六角氏を勝利に導いた忍者集団として、その名を全国に知られることになったんだよ。

飛鳥	飛鳥	奈良	平安	平安	鎌倉	建武の新政	室町	室町	室町	安土桃山	安土桃山	安土桃山	安土桃山	安土桃山		
	634	743	935	1185		1333	1467	1487	1572	1579	1581	1582	1590	1596	1603	16
聖徳太子が大伴細人に「志能便」と名づけたという伝承あり。	修験道をはじめた役小角生まれる。	墾田永年私財法ができ、荘園（私有地）がうまれる。	甲賀忍者の元祖の一人といわれる望月三郎兼家が、「平将門の乱」で活やく。	伊賀忍者の元祖といわれる服部平内左衛門家永が「壇ノ浦の合戦」で戦う。	伊賀忍者の原型といわれる「黒田の悪党」が勢いをます。	後醍醐天皇、悪党を味方に政府に戦いをいどむ。悪党出身の楠木正成が活やくする。	戦国時代がはじまり、各地の武将たちが忍者を召しかかえる。	「鈎の陣」で伊賀・甲賀忍者が活やく。その名が全国に知れわたる。	伊賀の服部半蔵正成、「三方ケ原の戦い」で徳川家康側で戦う。	「第一次天正伊賀の乱」。織田信雄が、伊賀の国にせめ入る。	「第二次天正伊賀の乱」。織田信雄が、再度伊賀の国にせめ入る。	本能寺の変で織田信長が命を落とし、徳川家康の逃亡を伊賀・甲賀の忍者が助ける。「神君伊賀越え」。	豊臣秀吉が全国統一し、徳川家康、江戸に入城する。服部半蔵正成ひきいる伊賀者が麹町に住みはじめる。	伊賀忍者の統率者・服部半蔵正成死去。四谷・西念寺にほうむられる。	徳川家康、征夷大将軍となる。	……こもる。

鈎の陣

敵が攻めてくるたびに、カメが頭を甲らにひっこめるように山中に身をかくす戦術「亀六ノ法」が有名だ。このとき夜襲をしかけて勝利を導いた甲賀忍者は、忍術書でも長く語りつがれることとなったんだ。

「天正伊賀の乱」で伊賀滅亡の危機に？

ところが1579年、伊賀の里が大ピンチにみまわれた。ときの最強武将・織田信長の息子・信雄が、伊賀にせめこんできたんだ。（「第一次天正伊賀の乱」）。このときは勝ったものの、その２年後の「第二次天正伊賀の乱」で、再度織田信雄の猛攻撃を受けて、徹底的にやられてしまう。力をもった忍者集団をつぶしておこうと思ったからだ。

これで伊賀の忍者はもうだめかと思ったら、とある大事件で流れが変わった。その大事件とは……。

忍者が家康を助けた──神君伊賀越え

徳川家康・狩野探幽画

1582年、織田信長が、家来の明智光秀におそわれる「本能寺の変」がおこる。これを聞いてあわてたのが、信長に味方していた徳川家康だ。家康は、次は自分かと身の危険を感じて、大あわてで大坂から三河（いまの愛知県岡崎市）まで逃げだした。この逃亡を助けたのが、伊賀・甲賀の忍者たちだ。これが大きなきっかけとなり、のちに江戸幕府をひらいたときに、家康は伊賀や甲賀の忍者を召しかかえることにしたという。忍者が、江戸、つまり東京にやってきたのは、こういうわけだったんだ。

なるほど

時代	年	できごと
江戸	1614	「大坂の陣」で家康は伊賀、甲賀忍者を使う。
江戸	1618	江戸城内の女性の居住地を警備する「大奥御広敷」に伊賀者が命じられる。
江戸	1637	キリスト教徒の民による「島原の乱」がおこる。情報集めに甲賀忍者が使われる。
江戸	1669	アイヌ民族による「シャクシャインの戦い」。のち、弘前藩（青森県）は、蝦夷地（北海道）の監視などのため、甲賀流忍者を集めた「早道之者」をつくる。
江戸	1676	藤林保武が、伊賀・甲賀の忍術をまとめた「萬川集海」をつくる。
江戸	1681	紀州流忍術をまとめた「正忍記」がつくられる。
江戸	1701	「赤穂事件」のあと、岡山藩などまわりの藩が忍者を使って情報集めをする。
江戸	1716	吉宗が将軍直属の隠密組織「御庭番」をつくる。
江戸	1789	甲賀古士（農民となった甲賀者）たちが、幕府に職をもとめる訴えをする。
江戸	1853	ペリーの黒船に、伊賀忍者が忍びこんで調査をする。
明治	1868	「戊辰戦争」で、甲賀古士は勤皇隊として戦う。
大正	1913	「立川文庫」から『猿飛佐助』が出版され、忍術ブームおこる。
大正	1921	尾上松之助主演の忍術映画『豪傑児雷也』などが上映されヒット。
昭和	1938	スパイ活動の訓練をする「防諜研究所」（のちの陸軍中野学校）ができる。テキストに忍術書「萬川集海」が使われる。
昭和	1950年代末～	忍者小説が次つぎ出版される。「忍者（ニンジャ）」のよび名が広まる。
平成	1999	忍者の漫画『NARUTO』連載開始。
平成	2015	日本忍者協議会できる。

TOKYO忍者ロードマップ全図

東京には、忍者にまつわる場所があちこちにある。ここでは、A～Dの4つのモデルコースを紹介するよ。興味のあるエリアだけをまわってもいいし、コースをつなぐロングルートのウォーキングにチャレンジしてもいい。まずは地図をみて、歩く計画をたててみよう。

忍者ロードの歩き方 準備編

ウォーキングは動きやすい服そうで

服そうや持ちものの準備をしっかりしておこう。荷物はすくなめで、動きやすいかっこうが一番。安全で楽しいウォーキングには、仲間とのチームワークもかかせないよ。

服そう
汗をすいとり、すぐに乾く素材がいい。気温にあわせてぬぎ着できるよう、上着も1枚あるといい。

ぼうし
夏は日よけに、冬は寒さよけに。

「たすき掛け」っていうんだよ。

バンダナ・手ぬぐい
汗をふくだけじゃなく、首にまいて体温を調節したり、ほこりよけのマスクがわりにもなる。細めのスポーツタオルもいい。

リュック・ポシェット・ウエストポーチ
両手が自由になるタイプが便利。

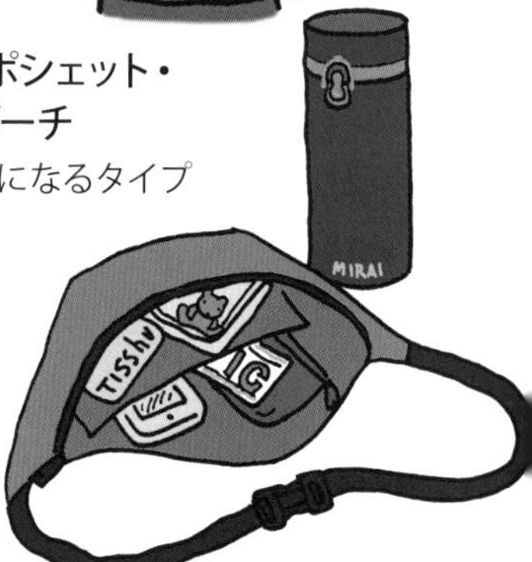

雨具
レインコートやおりたたみ傘。

・すいとう　・ティッシュ
・タオルハンカチ

くつ
はきなれた運動ぐつやウォーキングシューズで。

携帯・ICカード・お金
お金は必要なぶんだけ。いざというときの連絡はどうするか、家の人と相談しておこう。

防寒具
寒い季節ならカイロや手ぶくろも。

忍者ロード　ウォーキング7原則

1. 小学生は、大人といっしょに歩こう。
2. 道路や神社、お寺の中では、騒いだりふざけたりしないこと。
3. まよったり、はぐれたときのために、グループのだれかと連絡をとれるようにしておこう。
4. 明るいうちに帰れるように計画をたてよう。
5. 体調が悪くなったら、とちゅうで帰るか、べつの日にしよう。
6. ゴミはなるべくださないこと。でたら持ちかえろう。
7. トイレの場所は、前もって地図でチェックしておこう。

これが忍者の活動服だ

忍者が夜に活動するときは、こげ茶や紺色の服を着ていた。まっ黒い服だと、月あかりの下ではかえってめだってしまうからだ。忍者の服そうは秘密の工夫がいっぱいだよ。

背負袋
筒状の袋。中には薬、棒手裏剣、まきびし、食料などを入れ持ち歩く。

頭巾
頭と口もとをおおい、後ろにまわして結ぶ。覆面や、包帯、塀をのぼるときのロープがわりにもなる。

固結び

手甲
内側に棒手裏剣をしのばせる。虫よけや保温にもなるよ。

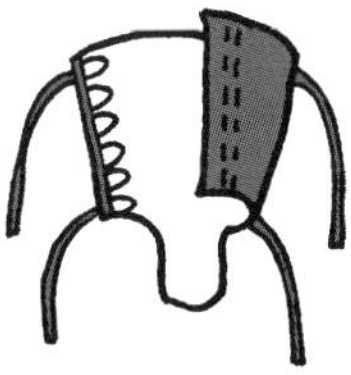

上衣
かくしポケットがあちこちにある。

羽織（上着）
長旅で着る羽織は、変装しやすいリバーシブルタイプだ。

袴の帯
はばが広いので小物入れにもなる。

脚絆
はかまのすそをいれて動きやすく。

草鞋・足袋
足音をたてないように、足袋の中にわたをしいてある。草鞋はすべりどめつき。

忍者の旅の基本アイテム 忍び六具

編み笠
変装にもつかえるし、秘密の手紙や矢をかくし持つこともできた。

薬
おなかの薬から毒薬まで印籠にいれてある。

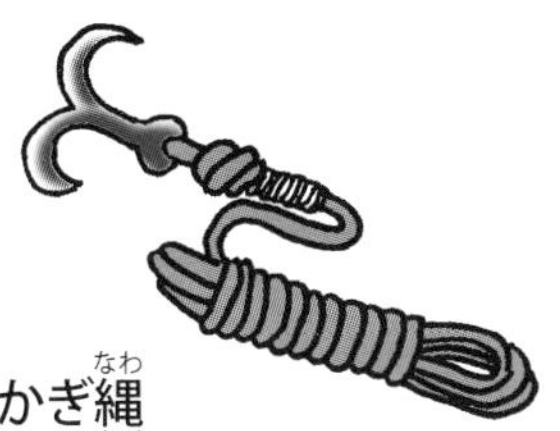

かぎ縄
高い石塀をのりこえたり、敵をしばりあげる。

三尺手ぬぐい
長さ90cmくらいの手ぬぐい。頬かむりをしたり包帯がわりにも。

石筆（ロウ石）
塀や石に暗号を書いて仲間に伝えた。

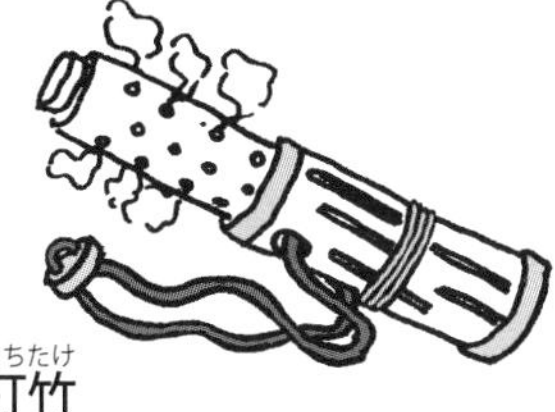

打竹
火がすぐに使えるよう、竹筒に火種をいれて持ち歩いた。

モデルコースA 忍者が守った！ ぐるっと江戸城めぐりコース

徳川幕府につかえるために、江戸にやってきた伊賀や甲賀の忍者たち。まかされた仕事のひとつは、幕府にとってもっとも重要な江戸城の警備と将軍の護衛だった。

門をはいってすぐの百人番所⑤には、伊賀や甲賀の忍者たちをふくむ「百人組」とよばれる優秀な鉄砲隊のメンバーが、24時間交代でひかえていて、いざというときのためにそなえていたんだよ。

江戸城の跡は、皇居外苑、皇居東御苑で見ることができる。とくに東御苑は都会のまん中とは思えないほど自然にあふれていて、のんびりウォーキングが楽しめるよ。

江戸城天守閣跡⑩のうらから北桔橋門⑪をでて、左へすすみ、お堀にそって歩いてみよう。しばらくいくと、お堀のむこうがわに閉じられた門が見えてくる。これが半蔵門⑫だ。伊賀忍者のリーダー服部半蔵と伊賀者たちがこのあたりに屋敷をかまえたことからこの名がつき、地名にもなっている。

ここからゴールの地下鉄「半蔵門」駅まではすぐ。新宿通りから「四ツ谷」駅まで行けば、モデルコースB（P16）につながる。

コース ・・・・・・・・・・・・ 約1時間40分 約6.8キロ

＊歩行速度時速4キロの場合。見学や休けい時間をのぞく移動時間のみ。

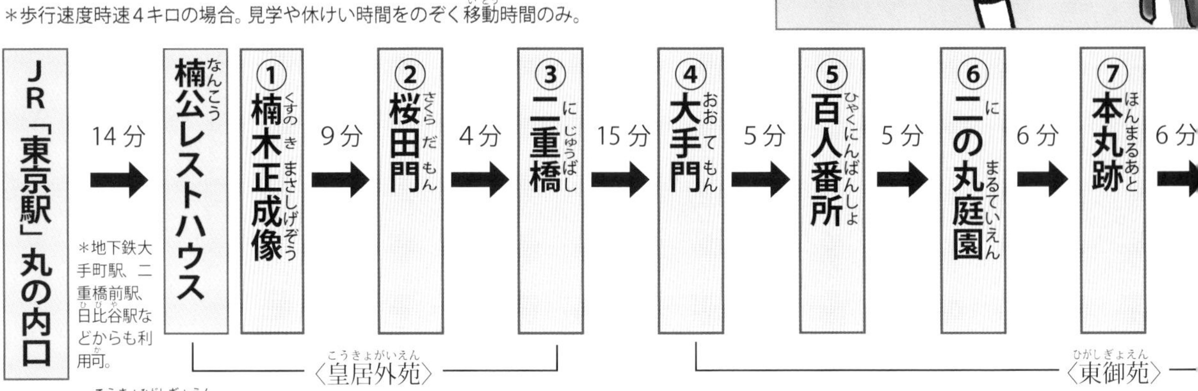

DATA ●皇居東御苑

●入園無料。入る時にもらう入園票は、出る時に返すのでなくさないように。●定休日：月曜・金曜（ただし天皇誕生日以外の「国民の祝日などの休日」は公開）●開園 9：00　閉園 18：00（4/15～8/31）、17：00（3/1～4/14・9/1～9/30）、16:30（10/1～10/31）、16：00（11/1～2/末）●宮内庁HP　http://www.kunaicho.go.jp/event/higashigyoen/higashigyoen.html

伊賀・甲賀の忍者たちが守っていた江戸城の跡をめぐるこのコース。重要文化財となっている桜田門や、見はらしのいい天守閣など見どころが多くて、外国からの観光客にも人気のエリアだよ。

竹橋

千代田区

走る人もいる！

●交番

★⑪北桔橋門

皇居東御苑

⑩江戸城天守閣跡★（天守台）

代官町通り

⑥二の丸庭園

入ってすぐに荷物チェックがあり、入園票をもらうのでなくさないこと！

★⑦本丸跡

ケ淵

④大手門

⑨富士見多聞

⑤百人番所

皇居

⑧松の廊下跡

大手町

半蔵門

和田倉噴水公園

人気の記念撮影スポットだ。

東京駅

和田倉門

丸の内口

東京

③二重橋

皇居外苑

二重橋前

皇居外苑内　二重橋

馬場先門

②桜田門

①楠木正成像

桜田門

●楠公レストハウス

日比谷

⑧松の廊下跡 → 2分 → ⑨富士見多聞 → 4分 → ⑩江戸城天守閣跡（天守台） → 3分 → ⑪北桔橋門 → 21分 → ⑫半蔵門 → 5分 → 地下鉄「半蔵門」駅

たちよりSPOT

江戸東京博物館

両国の江戸東京博物館で、江戸城のジオラマを見ることができるよ。

◆小学生以下無料。墨田区横網1-4-1
http://www.edo-tokyo-museum.or.jp/

モデルコース A

チェックポイント

チェックポイント① 皇居外苑

楠木正成像

鎌倉時代から南北朝時代に活やくした武将・楠木正成には伊賀忍者がつかえていた。正成自身も忍者のルーツ「悪党」出身ではないかといわれている。像の近くにある楠公レストハウスには、外苑の案内図などもおいてあるので、ぜひゲットしておこう。

◆楠公レストハウス：レストラン営業時間8：30～17：00。像のそばにも売店があるよ。

楠木正成像。「楠木」は「楠」と一字で書かれることも多い

チェックポイント⑤ 皇居東御苑

百人番所

百人番所は、江戸城の警備や、将軍が外出するときの護衛をする百人組がひかえたところだ。百人組は、鉄砲をあつかうえりぬき部隊で、伊賀組、甲賀組、根来組、二十五騎組の各組百人でできていたんだ。

根来組は、いまの和歌山県出身の鉄砲のうまい僧兵忍者たち。二十五騎組は、大久保組ともよばれている。

百人組のことは「鉄砲隊百人組のつつじの町」（P30）にも書いてあるよ。

伊賀・甲賀忍者ら百人組はここに通っていた

チェックポイント⑧ 皇居東御苑

松の廊下跡

1701年、江戸城の松の廊下で、吉良上野介を切りつけた赤穂藩（いまの兵庫県）の藩主・浅野内匠頭は、切腹を命じられた。事件を受けて、まわりの岡山藩や姫路藩などが、赤穂藩が今後どうなるかをいち早くキャッチするために忍者をおくりこみ、ようすを調べさせたという記録が残っているよ。

事件があった廊下あとの石碑

チェックポイント⑨ 皇居東御苑

富士見多聞

石垣の上につくられた横長の倉庫で、鉄砲や弓などの武器がおさめられていた。敵がやってきたら、この窓からむかえうつこともできたんだ。中を見学できるかどうかは、ホームページで確認しよう。

西側から見た富士見多聞。城を守るためでもある

チェックポイント⑩ 皇居東御苑

江戸城天守閣跡（天守台）

天守閣は城のシンボルで、できた当時はあたりを一望できる高さだったそう。そのあと何度も火事があり、いまは石垣しか残っていない。上にはベンチがあり、くつろげる小さな広場になっている。このそばには、伊賀者が警備をまかされていた、大奥もあったんだよ。

チェックポイント⑫

半蔵門

お城の西側にある半蔵門は、伊賀忍者のリーダー・服部半蔵にちなんでこの名がつけられたといわれている。門の正面からのびる新宿通りぞいには、お城への道を守るように、半蔵や伊賀者たちが、屋敷をかまえていたんだ。

この門はふだんは閉まっている

半蔵門交差点まえの公園。WCあり

伊賀と甲賀はライバルだった？

忍びの世界のトップ2、伊賀と甲賀の忍者は、ライバルのように思われてもいるけれど、じつは山ひとつへだてたおとなりどうし。ちがう武将につかえたこともあったけど、協力しあうことも多かったんだよ。

戦国時代、伊賀には「伊賀惣国一揆」、甲賀は「甲賀郡中惣」という独自の組織があって、話し合いでものごとを決めていた。このふたつが同盟を結んだりしたんだ。

江戸時代になると、伊賀者は幕府に役職をあたえられ、多くが江戸に移り住んだけど、甲賀者は地元に残り、農業をする人も多かった。

歩んだ道は違えど、ともに忍びの力を広く世に知らしめた忍者界のトップ2だったことはまちがいない。

『忍者の教科書2 新萬川集海』（伊賀忍者研究会編・山田雄司監修／笠間書院）を参考に作図

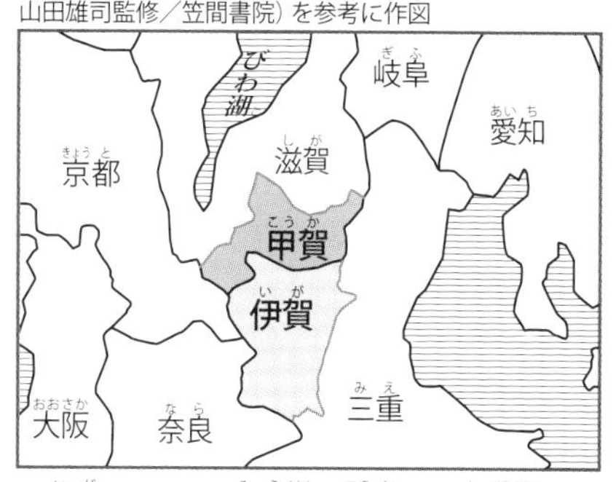

＊伊賀は、いまの三重県、甲賀は、滋賀県にあります。

＊「甲賀」は、昔の豪族の名「かふか」にゆらいするとして、「こうか」とも読みます。

＊この本では、伊賀や甲賀からきた人をまとめていうときには、「伊賀者」「甲賀者」または「伊賀の衆」「甲賀の衆」とよんでいます。

忍者はどうやって情報を伝えたの？

合いことばと割符

敵か味方かをたしかめるために「合いことば」を使っていた。「割符」は、合わせると文字や絵になり、味方だとわかる木片だよ。

狼煙

遠くにいる仲間への合図には、「狼煙」を上げる。ワラとオオカミのフンと松の葉をまぜて火をつけるんだ。だから狼の煙と書くんだね。

モデルコース **B**

服部半蔵ゆかりの四谷寺社めぐりコース

いまはビルが立ちならぶ新宿通りぞいには、服部半蔵ひきいる伊賀者がたくさん住んでいて、伊賀町とよばれていた。この道は、江戸城が敵におそわれたときの将軍の逃げ道でもあったから、いざというときにそなえて伊賀者たちがこうして道を守っていたんだろう。そういうわけで、このあたりには服部半蔵や伊賀者ゆかりのお寺が､あちこちにある。さっそく歩いて､たしかめてみよう。

モデルコースのスタートは、JR または地下鉄の「四ツ谷」駅。このコースは歩く距離は長くないけど、公共のトイレがすくないので駅などで必ずすませておこう。

さいしょに、新宿歴史博物館①をたずねて、むかしのようすを知っておくと、伊賀者たちのくらしがよりリアルに見えてくるよ。

ゴールは、地下鉄「四谷三丁目」駅。すこし足をのばして新宿御苑までいくと、お弁当を食べたり、ひとやすみもできる。新宿御苑をぬけて千駄ヶ谷までいけば、モデルコースC（P20）に続くロングコースにもなるよ。

よく計画をたてて、さあ出発だ！

コース ・・・・・・・・・・・・・・ 約50分 約3キロ

＊歩行速度時速4キロの場合。見学や休けい時間をのぞく移動時間のみ。

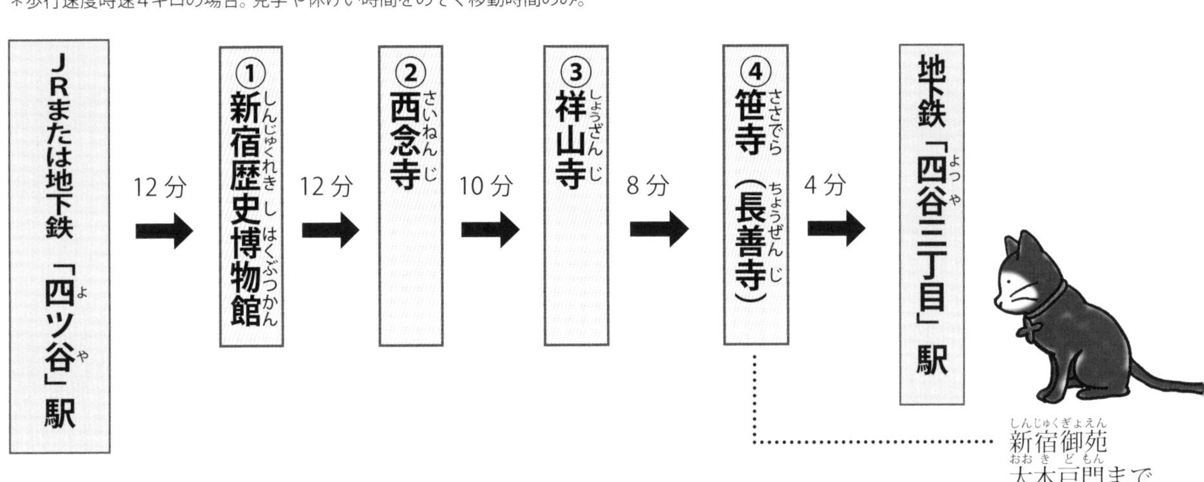

徳川家康からも信頼されていた伊賀忍者のリーダーといえば、服部半蔵正成だ。半蔵ひきいる伊賀者たちが暮らしていた四谷エリアで、忍者ゆかりのお寺をたずねてみよう。

お寺めぐりのマナー

◉お寺をたずねたら、まずは本堂にお参りを。

◉見学中も、けっして騒いだりしないこと。

◉とくに日曜、祝日は法事が多いので、静かにしよう。

◉お坊さんがいたらあいさつして、見学のお礼をいおう。

たちより SPOT

新宿御苑

もともとは、鉄砲百人組をまとめていた内藤清成の土地だった。広い公園で、トイレや休けい所、売店もある。

コースCへは、ここをぬけて「千駄ヶ谷門」から千駄ヶ谷駅へ。約15分。新宿駅に行くなら「新宿門」へ。

DATA ●新宿御苑

●地下鉄丸ノ内線「新宿御苑前」駅まで徒歩5分●入園料：小人（中学生以下）無料●開園時間【10/ 1～3/14】9：00～16：00（閉園 16：30）【3/15 ～ 9/30】 9：00～17：30（閉園18：00） ただし【7/1～8/20】9：00～18：30（閉園 19：00）●休園日：毎週月曜日（月曜日が休日の場合は翌平日）・年末年始● http://www.fng.or.jp/shinjuku

モデルコース B

チェックポイント

チェックポイント① まずはここから

新宿歴史博物館

この博物館では、四谷をふくむ新宿区の歴史を知ることができる。江戸時代の町なみをえがいたジオラマがあり、江戸城の百人番所につめた百人組のこともしるされている。◆観覧料：小・中学生100円／開館時間／9：30～17：30／第2・4月曜日休館。（祝日の場合は翌日）／新宿区四谷三栄町12－16

https://www.regasu-shinjuku.or.jp/rekihaku/

この博物館のあるところも、かつては伊賀者の屋敷だったそう

チェックポイント② 忍者ずきならはずせない

西念寺

西念寺は、服部半蔵正成がひらいた浄土宗のお寺だ。お参りをすませたら、さっそく本堂の右側にある半蔵のお墓をたずねよう。そのそばには家康の息子・松平信康の供養塔もある。本堂の中には、長さ2メートル以上もある半蔵の槍や、半蔵の肖像画がかかれた「徳川十六神将図」があり、外からも見ることができるよ。法事がないときなら、中まで案内してもらえるかもしれない。玄関で声をかけて上げてもらえたら、まず読経にじっくり耳をかたむけ、マナーを守って見学しよう。忍者お守りや、忍者御朱印もあり。

◆新宿区若葉2-9　https://www.yotsuya-sainenji.or.jp/

新宿通りから路地をはいった奥にあるお寺だ

伊賀忍者のリーダーだった服部半蔵正成のお墓

松平信康の供養塔。半蔵は、切腹させられた信康をとむらうために西念寺を開いたという

半蔵の槍は欠けて2メートル58センチ。もとは4メートルくらいあったんだ。

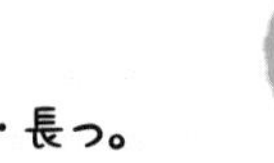

・・長っ。

半蔵の槍（西念寺所蔵）

チェックポイント③　伊賀者たちが眠る祥山寺

円通寺坂のとちゅう、左にある細い石段の先にある、小さなお寺。かつて麹町や四谷あたりにくらしていた伊賀者代々のお墓があるという。ただし墓地に入ることはできない。◆新宿区若葉1-1-2

忍者地蔵といわれているお地蔵さま

祥山寺入口

チェックポイント④　伊賀者がたてこもった笹寺（長善寺）

笹寺（長善寺）は、このあたりではもっとも古い、由緒あるお寺だ。服部半蔵正成のあとをついだ息子・正就のやり方に不満をもった伊賀者たちが反発して、この寺にたてこもったという。◆新宿区四谷4−4

新宿通りから笹寺の石柱を左へ行くとつく

忍者お守り＆忍者御朱印帳

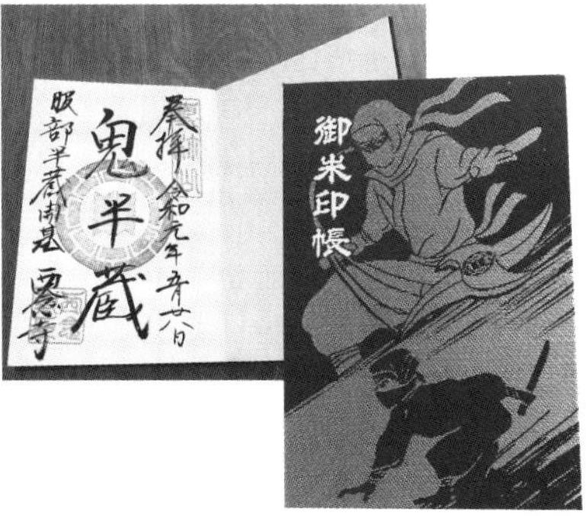

忍者お守り、忍者御朱印各500円、御朱印帳1500円

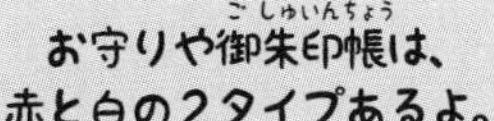

服部半蔵はひとりじゃない？

伊賀の服部半蔵といえば、だれもが知っている忍者のリーダーだね。でもじつは半蔵はひとりじゃない。じつは服部家では、当主はみんな半蔵と名のるからだ。初代は服部半蔵保長といって、家康のおじいさん（松平清康）につかえた伊賀の忍者だった。

江戸にやってきたのは二代めの服部半蔵正成。伊賀忍者をまとめてかずかずの戦で大活やくした名武将で、旗本という高い身分にまでなっている。そのあとも服部半蔵の名は、江戸時代末期の正義の代までずうっとひきつがれていたんだよ。

服部半蔵の図『徳川十六神将図』（西念寺所蔵）より

モデルコース C

伊賀・甲賀の衆がくらしていた青山原宿コース

徳川家につかえ、鉄砲を使う百人組として働くことになった忍者たち。甲賀者はいまの神宮外苑から神宮球場一帯に、伊賀者は青山３〜５丁目に屋敷をもらって住んでいたんだよ。とくに伊賀者は、港区から渋谷にかけてのエリアになじみが深かったんだ。いまはショップやカフェがならぶおしゃれな町、青山原宿エリアも、そのころはまだ自然が多いのどかなところだったろう。このコースでは、忍者たちの日常のくらしの近くにあった神社やお寺をたずねてみよう。ウォーキングのスタートはＪＲ「千駄ヶ谷」駅。公共のトイレや休けいできる公園がほとんどないので、プランづくりは気をつけて。

チェックポイント①

鳩森八幡神社

いまもむかしも町の人たちに親しまれている鳩森八幡神社。ここには、甲賀忍者ゆかりのその名もずばり甲賀稲荷社がある。神像の修復に甲賀者がかかわったこともあり、なじみの深いところなんだ。

◆渋谷区千駄ヶ谷1-1-24／http://www.hatonomori-shrine.or.jp/

鳩みくじ

小さいけれどのぼれる富士塚も有名だよ

鳩森八幡神社のなかにある甲賀稲荷社

鳩みくじカワイイ！

将棋の神さまもまつられているよ。

チェックポイント②

青山熊野神社

もとは赤坂にあった徳川家ゆかりの神社。その土地を管理していた伊賀者が年貢（税金）を集めた記録があったそう。◆渋谷区神宮前2-2-22

チェックポイント③

高徳寺

甲賀忍者の望月助之進たち7人が、たちあげに協力したといわれる浄土宗のお寺。風情あるお堂に心やすまる。

◆港区北青山2-10-26

チェックポイント④

善光寺

にぎやかな青山通りから一歩入ると、仁王尊や、風神・雷神の像がでむかえてくれる。伊賀の百人組の屋敷が軒をつらねていた表参道交差点のそばにあるよ。

◆港区北青山3-5-17

チェックポイント⑤

穏田神社

お店がたちならぶ渋谷キャットストリートからすぐ、伊賀者たちがもらいうけた穏田村（いまの渋谷区神宮前）に、古くからあるのは穏田神社。まえは第六天社といっていた。いまも氏神さまとして、土地の人に信仰されている鎮守さまだよ。◆渋谷区神宮前5-26-6

百人組として江戸城の警護をまかされた伊賀・甲賀の者たちは、いまの青山や千駄ヶ谷の組屋敷でくらしていた。遠く故郷をはなれてくらす伊賀・甲賀の衆ゆかりの神社やお寺をめぐり歩こう。

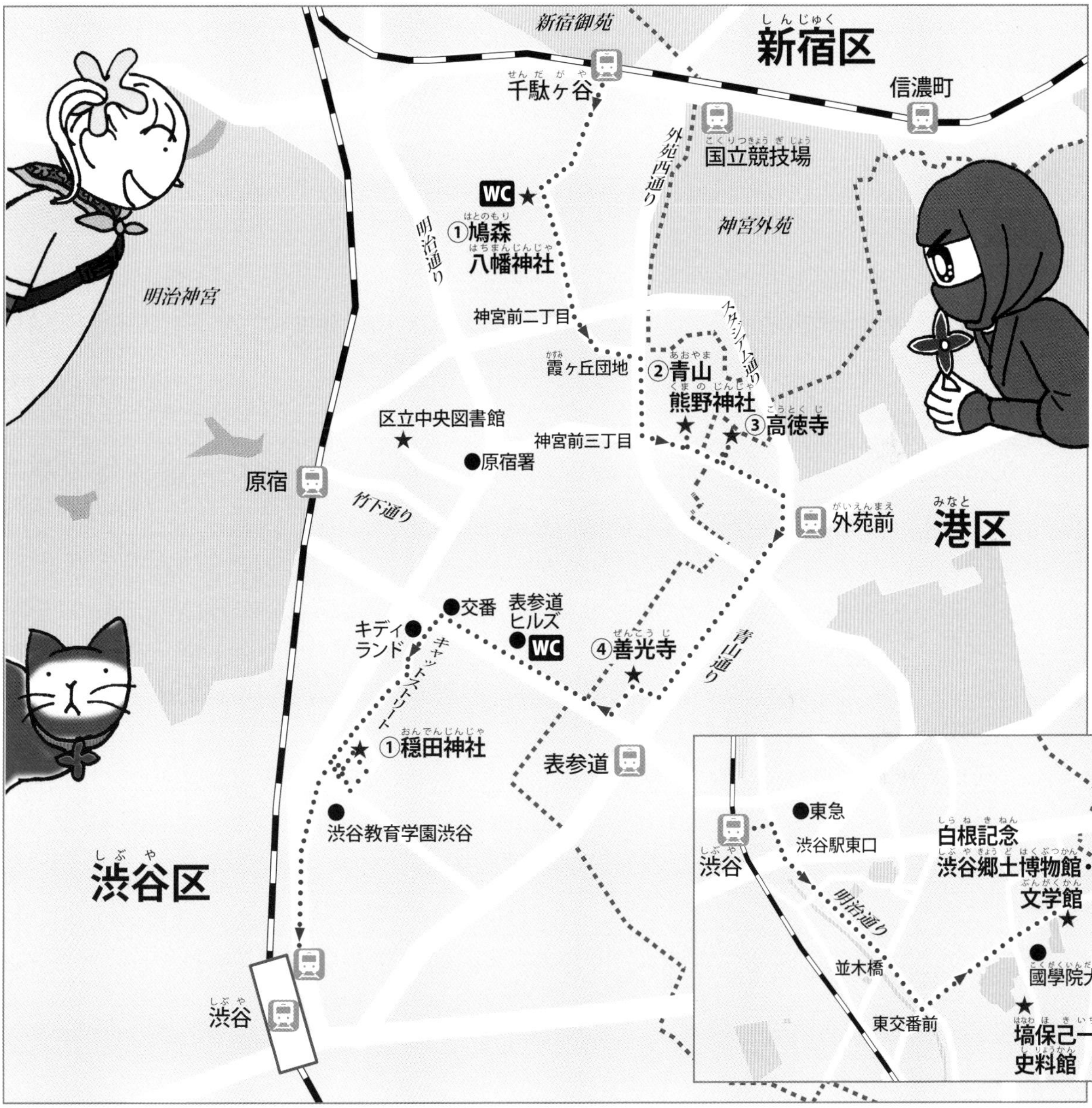

新宿御苑
新宿区
千駄ヶ谷
信濃町
国立競技場
外苑西通り
神宮外苑
WC
①鳩森八幡神社
明治通り
明治神宮
神宮前二丁目
スタジアム通り
霞ヶ丘団地
②青山熊野神社
③高徳寺
区立中央図書館
神宮前三丁目
原宿署
原宿
竹下通り
外苑前
港区
交番
表参道ヒルズ
キディランド
キャットストリート
④善光寺
青山通り
①穏田神社
表参道
渋谷教育学園渋谷
渋谷区
渋谷
東急
渋谷駅東口
白根記念渋谷郷土博物館・文学館
明治通り
並木橋
國學院大
東交番前
塙保己一史料館

コース ・・・・・・・・・・・・・・・・・・・・ 約1時間15分　約5キロ

＊歩行速度時速４キロの場合。見学や休けい時間をのぞく移動時間のみ。（Bコース新宿御苑の千駄ヶ谷門からJR千駄ヶ谷駅までは徒歩 5分）

JR「千駄ヶ谷」駅 → 7 分 → ①鳩森八幡神社 → 14 分 → ②青山熊野神社 → 3 分 → ③高徳寺 → 15 分 → ④善光寺 → 22 分 → ⑤穏田神社 → 13 分 → JR「渋谷」駅

＊都営地下鉄「国立競技場」駅からも利用可。

そばにWCあり

→渋谷区立中央図書館へはここから、約15分

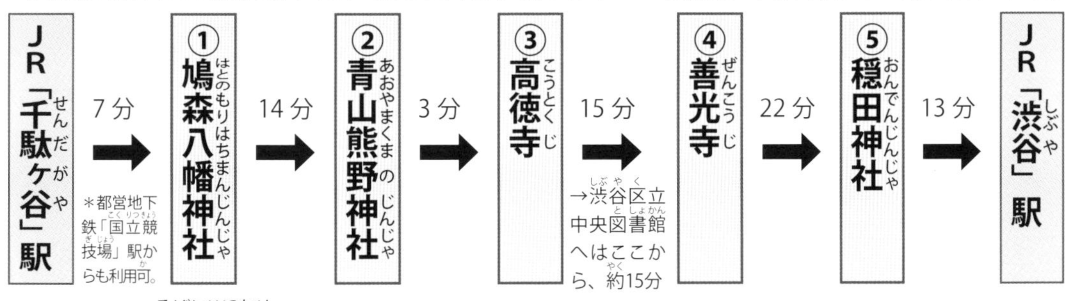

たちよりSPOT

ちょっと足をのばして、このエリアの図書館や博物館にもいってみよう。
町の歴史や、忍者について書いた偉人のことなど、知らないことが見えてくるよ。

渋谷区立中央図書館

原宿・竹下通りからはいってすぐのところにある区の図書館だ。歴史郷土についての本もいろいろあるので、この町にいた伊賀・甲賀者のことを調べるのにおすすめ。カウンターで聞けば、江戸時代の古い地図も見せてもらえる。地図には、たずねた寺社や「百人組」の名がのっているので、探してみよう。

蔵書29万冊もある大型図書館で、だれでも利用できる

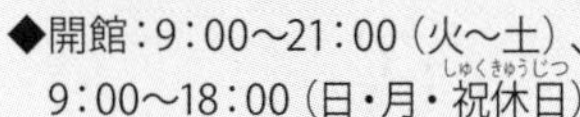

◆開館：9：00〜21：00（火〜土）、9：00〜18：00（日・月・祝休日）／第1月曜・第3木曜休館。（祝休日の場合は開館し、翌平日が休館）／渋谷区神宮前1−4−1／渋谷区図書館HP　https://www.lib.city.shibuya.tokyo.jp/

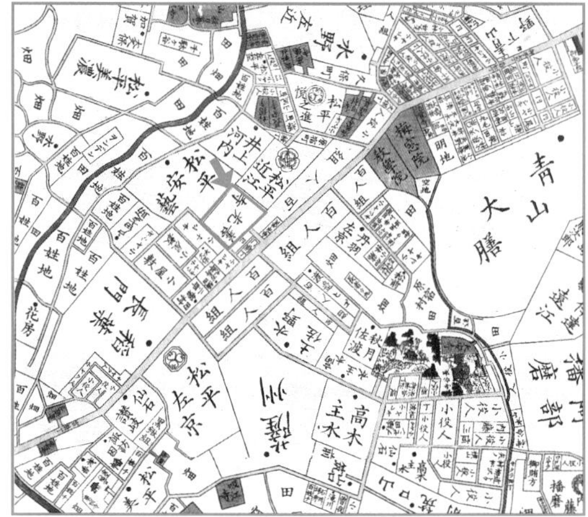

江戸古地図（安政6年）。矢じるしは善光寺（p.20）。この周辺に「百人組」の名がいくつもある。

白根記念渋谷区郷土博物館・文学館

渋谷区の歴史やくらしを見ることができる。郷土資料を調べるための情報コーナーもあり。

◆開館：11:00〜17:00／月曜休館（祝日の場合はその翌日）／入館料：小中学生50円／渋谷区東4-9-1／渋谷区HP　https://www.city.shibuya.tokyo.jp/shisetsu/bunka/shirane_index.html

＊渋谷駅から徒歩約20分。またはJR渋谷駅東口から都バス「日赤医療センター前」行き、「国学院大学前」下車徒歩２分。

塙保己一史料館

江戸時代の盲目の国学者・塙保己一は、武士や忍びについてまとめた『武家名目抄』をつくり、忍者が東では乱波、西では透波というように、地域によってよび名がちがうことなどをしるしたんだ。館には印刷につかった版木が保存されているよ。

史料館の前にある塙保己一の像

◆開館：9：00〜17：00／土日祝は問い合わせ要／中学生まで無料／渋谷区東2-9-1／http://www.onkogakkai.com/

＊渋谷駅から徒歩約20分。またはJR渋谷駅東口から都バス「日赤医療センター前」行き、「国学院大学前」下車徒歩２分。

忍者の歩き方と忍者食いまむかし

忍者は人に知られずすばやく歩くために、いろいろな歩き方を身につけていた。

忍び足

地面から足をひきぬくように持ちあげて「抜き足」。小指からそっとおろして「差し足」。このくりかえしが忍者歩きの基本だよ。

きざみ足

犬やキツネの足音に聞こえるよう、小きざみに早く歩く。

深草兎歩

カエルのように背中をまるめ、床についた手の上に足をのせて歩く。足音がたたないので敵の館に忍びこんだときなどに使う。

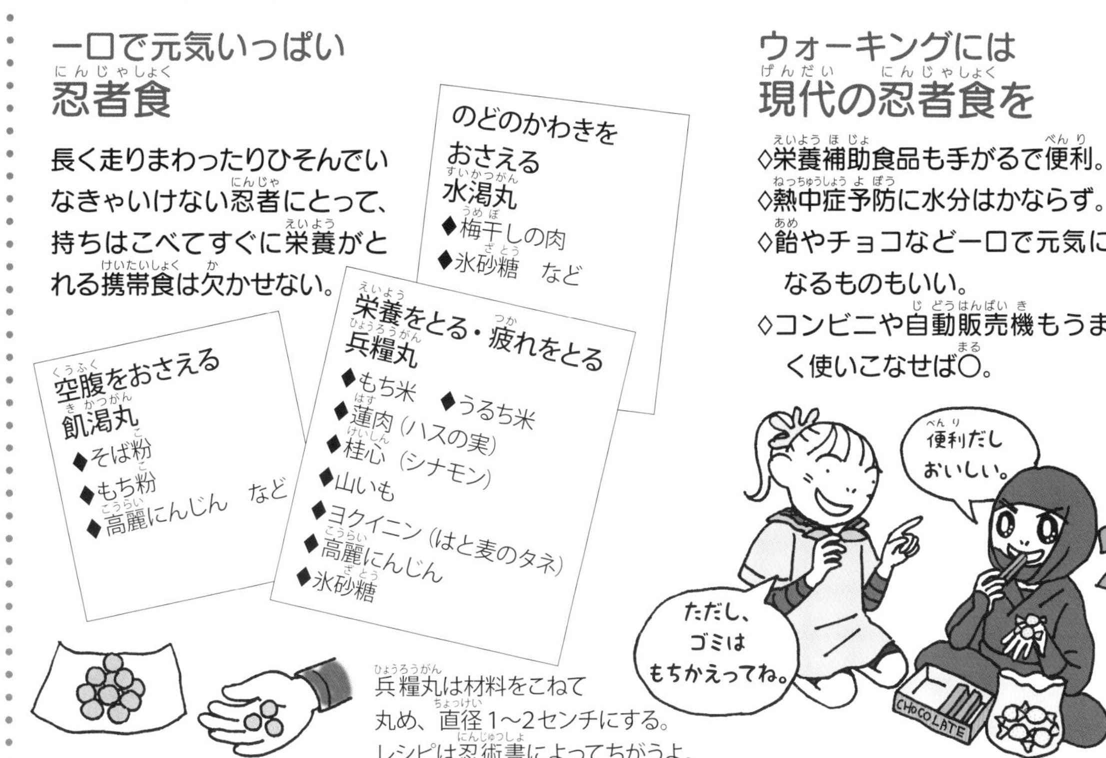

一口で元気いっぱい忍者食

長く走りまわったりひそんでいなきゃいけない忍者にとって、持ちはこべてすぐに栄養がとれる携帯食は欠かせない。

のどのかわきをおさえる水渇丸

- 梅干しの肉
- 氷砂糖　など

栄養をとる・疲れをとる兵糧丸

- もち米
- うるち米
- 蓮肉（ハスの実）
- 桂心（シナモン）
- 山いも
- ヨクイニン（はと麦のタネ）
- 高麗にんじん
- 氷砂糖

空腹をおさえる飢渇丸

- そば粉
- もち粉
- 高麗にんじん　など

兵糧丸は材料をこねて丸め、直径1〜2センチにする。レシピは忍術書によってちがうよ。

ウォーキングには現代の忍者食を

◊栄養補助食品も手がるで便利。
◊熱中症予防に水分はかならず。
◊飴やチョコなど一口で元気になるものもいい。
◊コンビニや自動販売機もうまく使いこなせば○。

忍者がつかえた徳川家ゆかりの港区コース

東京タワーがみおろす港区には、伊賀や甲賀の忍者がつかえた徳川家ゆかりの増上寺①や、家康が神としてまつられている芝東照宮②がある。

芝公園の古墳などもひとめぐりしたら、東京タワーの下の道を進み愛宕神社③へいこう。愛宕神社は長くて急な階段をのぼった愛宕山の上にあるんだ。愛宕山は標高 25.7 メートル、じつは東京 23 区でいちばん高い天然の山だ。むかしはここから東京湾まで見わたせたそうだよ。いまはオフィス街となり、とくに平日の夕方は仕事帰りの人たちで駅は混雑する。だから、いつ行くかなん時に帰るか、よく考えてプランをたてよう。

チェックポイント①

増上寺

歴代将軍や家族のお墓がある徳川家の菩提寺だ。東京タワーをのぞむ広い境内には大殿（本堂）や宝物展示室などがあり、いつもおおぜいの参拝客や観光客がおとずれている。

東京タワーと増上寺大殿

増上寺境内。安国殿売店には、特製お菓子や勝ち守りなど、いろいろある

◆安国殿参拝時間9：00～17：00。港区芝公園4-7-35／http://www.zojoji.or.jp/

チェックポイント③

愛宕神社

火事が多かった江戸時代に防火を祈ってつくられた神社だよ。「神君伊賀越え」のとき家康を助けた甲賀忍者の多羅尾光俊が、家康にささげたという勝軍（将軍）地蔵がまつられたとされる（非公開）。勝軍地蔵は愛宕権現という神さまで、軍神として武将たちに信仰されていたんだよ。

◆港区愛宕1-5-3／http://www.atago-jinja.com/

急な石段は「出世の階段」とよばれ86段ある。となりに傾斜がゆるい「女坂」も

池もある山の上の境内

増上寺の勝運のお守り。徳川家の家紋いり。¥500

チェックポイント②

芝東照宮

徳川家康を神としてまつる神社は全国に500以上ある。ここはそのひとつで、家康が60歳のときつくらせたという、等身大の木像がおさめられているんだ（非公開）。4月17日の家康の命日には例大祭があるよ。

◆港区芝公園4-8-10／http://shibatoshogu.com/

伊賀や甲賀の忍者たちは、将軍の護衛もまかされていた。そこで、徳川家とゆかりの深い寺社がある港区エリアをたずねてみよう。将軍はもちろん江戸の人たちも多くおとずれたという寺社をめぐり歩いて、あのころ忍者たちが見た風景を思いえがいてみたい。

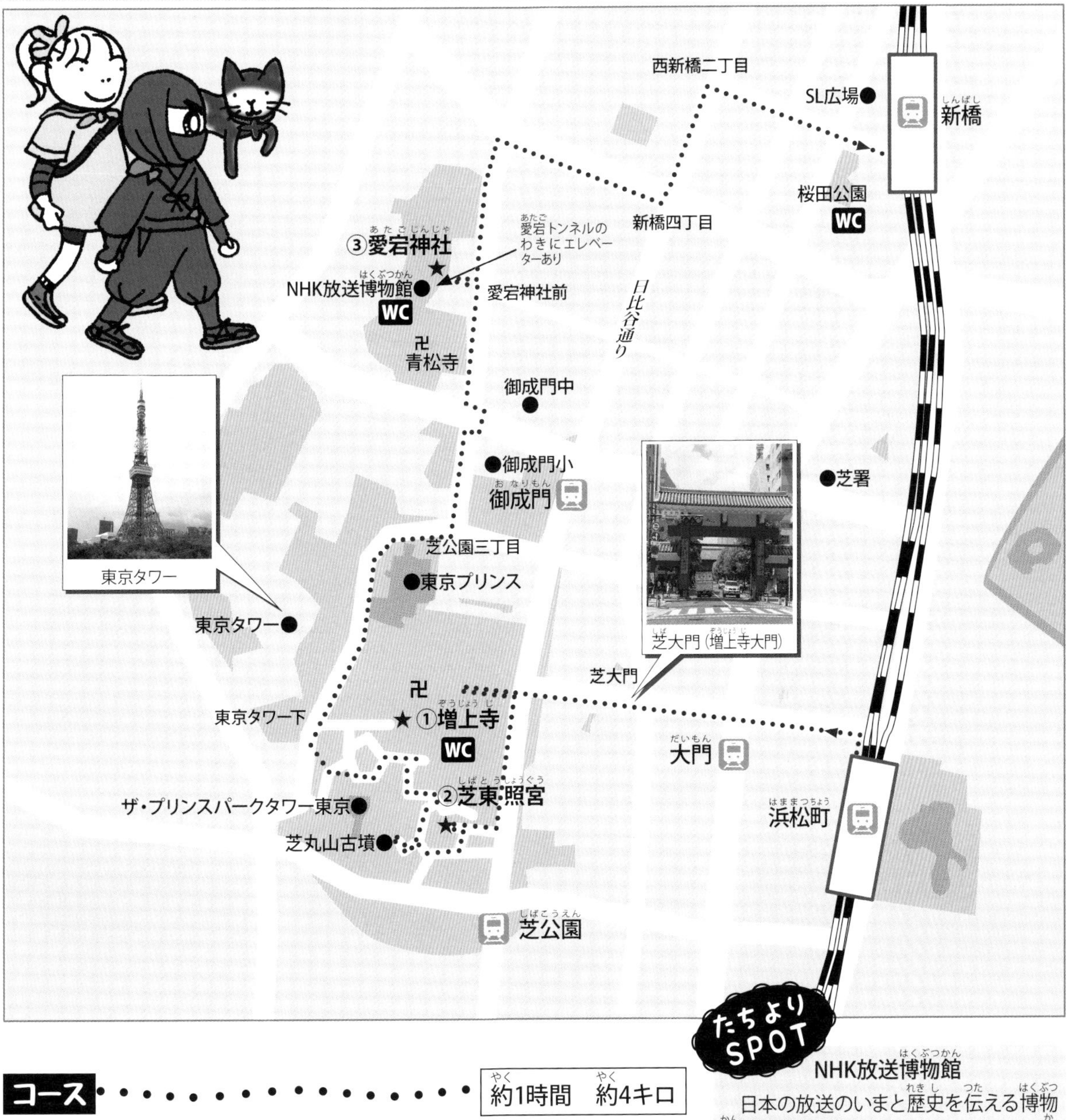

西新橋二丁目
SL広場
新橋
桜田公園
WC
新橋四丁目
愛宕トンネルのわきにエレベーターあり
③愛宕神社
NHK放送博物館
WC
愛宕神社前
日比谷通り
卍
青松寺
御成門中
御成門小
御成門
芝署
東京タワー
芝公園三丁目
東京プリンス
東京タワー
芝大門（増上寺大門）
芝大門
卍
東京タワー下
①増上寺
WC
大門
②芝東照宮
ザ・プリンスパークタワー東京
浜松町
芝丸山古墳
芝公園

たちより SPOT

NHK放送博物館

日本の放送のいまと歴史を伝える博物館。4階「番組公開ライブラリー」では過去の番組を無料で楽しめる。未来ルポ仕立ての『タイムスクープハンター"忍者"その真の姿とは』（2009年）やアニメ『忍たま乱太郎』（尼子騒兵衛原作）も見られるよ。愛宕山上にあり、神社から歩いて1分。館の前には地上と山上をつなぐ無料エレベーターがある。

◆開館：9：30〜16：30／月曜定休／入館無料／港区愛宕2-1-1／NHK放送博物館HP　https://www.nhk.or.jp/museum/

コース　約1時間　約4キロ

＊歩行速度時速4キロの場合。見学や休けい時間をのぞく移動時間のみ。

JR「浜松町」駅 →（10分）→ ①増上寺 →（6分）→ ②芝東照宮 →（28分）→ ③愛宕神社 …… NHK放送博物館 →（17分）→ JR「新橋」駅

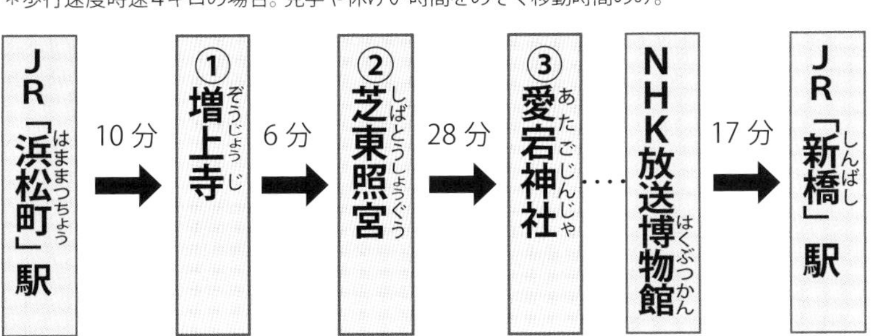

＊スタート駅は、地下鉄「大門」駅、「芝公園」駅、「御成門」駅でもOK。

江戸時代の忍者たち

250年近く続いた長く平和な江戸時代。このころには大きな戦いもなく、戦国時代のような忍者の仕事はなくなってしまった。忍者たちはその後どうなっていったのだろう。

ふつうの侍になった忍者

家康が江戸に都をかまえてすぐのころは、大坂の陣など戦もあって忍者はまだまだ活やくの場があった。でも世の中がおちつき平和な日々が続くと、忍者の出番はなくなってしまったんだ。甲賀忍者がはたらいた島原の乱をさいごに、将軍や大名の護衛、お城の警備が忍者のおもな任務となっていった。

江戸に移り住んだ伊賀者は、お城の女性たちがくらす大奥の警備をしたり、建築現場の監督などの仕事もまかされていた。そこではもう正体をかくしたり、忍術を使う必要もなく、幕府につかえる下級武士としてくらすようになっていったんだ。

ただし、情報を調べる仕事がまったくなくなったわけじゃない。幕府の公儀隠密や御庭番が、その仕事をまかされるようになっていた。

島原の乱

1637年に島原藩(今の長崎県)でおこったキリシタンを中心とした農民たちの一揆のこと。幕府にやとわれた10人の甲賀忍者が敵地に忍びこみ、情報をしいれるなど活やくしている。でも落とし穴に落ちたり失敗もしていたんだよ。

島原の乱のリーダー天草四郎の像

おんみつ、かっこいい～！

おにわばんは、時代劇に出てくるよ。

Q「隠密」はなにを調べていたの？

ひそかに情報を調べるスパイのような仕事を「隠密」とよんだ。江戸時代もさいしょのころは伊賀や甲賀の忍者が隠密活動をしていたけれど、やがて幕府に隠密専門の部署（公儀隠密）ができ、その仕事をするようになった。江戸時代の隠密は、事件がおこったときの探偵をしたり、部下である旗本や御家人、地方の大名のようすを調べていた。不正をはたらく人や幕府に反対する動きを見はっていたんだね。

Q「御庭番」ってなに？

御庭番は、一七一六年に八代将軍・吉宗がつくった隠密組織のことだよ。ふだんは江戸城の庭にひかえ、将軍から直接命令をうけて隠密活動をするというとくべつな部署だったんだ。吉宗は紀州（いまの和歌山県）にいたころからの家臣に代々この仕事をたくし、城にいながらにして町中のことや遠い地方のことまで知りつくしていたんだ。

各地によばれた伊賀＆甲賀忍者たち

伊賀や甲賀の忍者は人気があって、地方の藩にもやとわれていた。今も日本各地に伊賀町や甲賀町という名前が残っているのはそのためなんだよ。忍者たちは、藩主の護衛をしたり藩の治安を守るためにはたらいていたんだ。

上野公園のはずれにある寒松院

◆寒松院：台東区上野公園15-11
http://tendaitokyo.jp/jiinmei/kanshoin/

伊賀をおさめた藤堂高虎

江戸時代に伊賀の地をおさめていたのは、藤堂高虎ひきいる藤堂藩（津藩）だ。藤堂藩はとくに優秀な忍者を集めて藩の警備などもまかせていたんだよ。また「無足人」という制度をもち、きまった報酬はないけれど武士としての身分をあたえた伊賀の民に忍者のけいこを続けさせて、いざというときに備えていたんだ。

高虎は、親しかった家康の遺言を受けて、東京・上野に家康をまつる東照宮をつくっている。高虎の法名から名づけられたという寒松院も、同じ上野公園エリアにある。

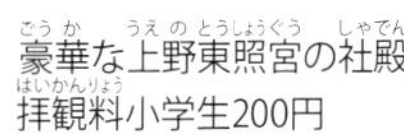

豪華な上野東照宮の社殿。拝観料小学生200円

◆上野東照宮：台東区上野公園9－88
http://www.uenotoshogu.com/

幕末まで活やくした忍者たち

武士の時代が終わるそのときまで活やくした忍者たちもいたんだよ。

北の地をまもる　早道之者

アイヌ民族との「シャクシャインの戦い」(1669年)のあと、弘前藩（今の青森県）は甲賀忍者の中川小隼人を中心とした忍者集団「早道之者」をつくった。早道之者は、蝦夷地（北海道）の監視やほかの藩の調査をまかされ、明治初期まで活動していたんだ。

アイヌ部族の首長シャクシャインの像（旧像）

ラスト・ニンジャ　沢村甚三郎保祐

伊賀の無足人として忍者の修行を続けていた沢村甚三郎保祐は、日本にやってきたペリーの黒船の探索を命じられた。保祐は、船からパンやタバコなどを持ち帰り、忍者としての最後のつとめをなしとげたんだよ。そしてまもなく江戸時代は終わることになる。

黒船サスケハナ号

江戸時代が終わると、忍者はいなくなっちゃったのね。

ううん。忍者はいつの時代も姿をかえて生き続けているんだよ。p31をみてね。

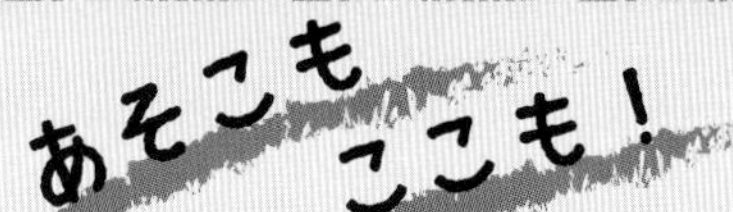

東京には、忍者にまつわる場所が、まだまだあるよ。気になるところがあったら、ぜひたずねてみよう。

もっと！ 東京忍者スポット

練馬区　半蔵がのこした仁王像がある

高松御嶽神社

江戸にやってきた伊賀者たちは、徳川家康から今の練馬区など東京中に知行地（領地）をもらいうけていた。その縁で、練馬区の高松御嶽神社には、伊賀の服部半蔵が寄進した石像がおかれている。

◆練馬区高松3-19／都営大江戸線 練馬春日町駅から徒歩20分。約1.3キロ（片道）。または、西武池袋線 練馬駅北口から西武バス「成増町」行き、「高松三丁目」下車徒歩5分。

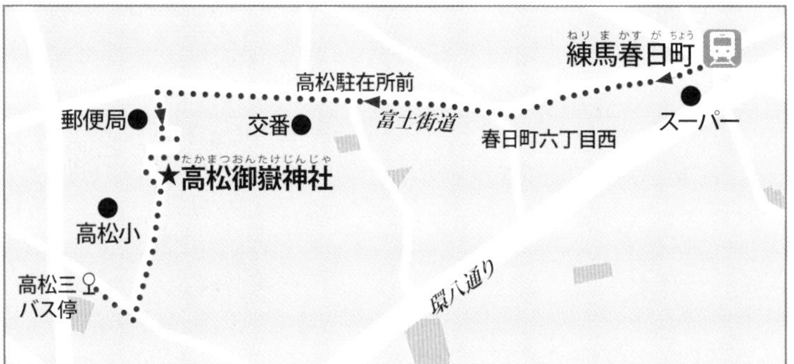

高松小学校の裏にある

仁王像。像の後ろに「服部半蔵正成」という文字がしっかり刻まれている。今はない高松寺におさめられたものが、この神社に移ってきたんだ

練馬区　伊賀者たちとともに

大泉氷川神社

このあたりが橋戸村とよばれたころから、住民に親しまれている大泉氷川神社。ここにはこの地の伊賀衆がおさめた水盤（手洗い石）や石の鳥居がある。

◆練馬区大泉町5-15-5／西武線 大泉学園駅から徒歩24分。約1.6キロ（片道）。大泉学園駅北口から西武バス「長久保」行きなど、「大泉北中学校入口」下車徒歩6分。

明るくてきれいなお社

伊賀衆108名からおくられた水盤。石面にそのことが漢文で刻まれているそう。そのとなりに鳥居の一部がおかれている

文京区　伊賀百人組のそばに

菊の花のもようが浮き出た天然石、菊花石も有名

腰掛稲荷神社

鷹狩りにきた家康が腰をおろして休んだことから、この名がついたといわれている腰掛稲荷神社。このそばには、青山から移り住んだ伊賀百人組の屋敷があった。

◆文京区目白台3-26-1／地下鉄有楽町線「護国寺」駅4番出口から徒歩5分。

港　区　家康をすくった鈴の音

鈴降稲荷神社

本能寺の変をうけて逃げだした家康は、伊賀の山のなかで鈴の音を聞いてすくわれた。このときの援護がきっかけで召しかかえられた伊賀者は、その鈴を鎮守様におさめて鈴降稲荷神社とよんだという。

赤坂のマンションわきにある小さなお社

◆港区赤坂5-1／地下鉄「赤坂見附」駅から徒歩8分。

台東区　マラリア予防の神様になった盗賊忍者

甚内神社

高坂甚内はもと忍者の大泥棒。同じく盗賊となった風魔忍者の残党を密告してかいめつさせたあと、マラリアという病で苦しんでいたところを自分もつかまってしまう。その甚内をまつり、マラリア予防や回復にきくといわれる甚内神社ができたんだ。

◆台東区浅草橋3-11-5／JR「浅草橋」駅西口から徒歩8分。

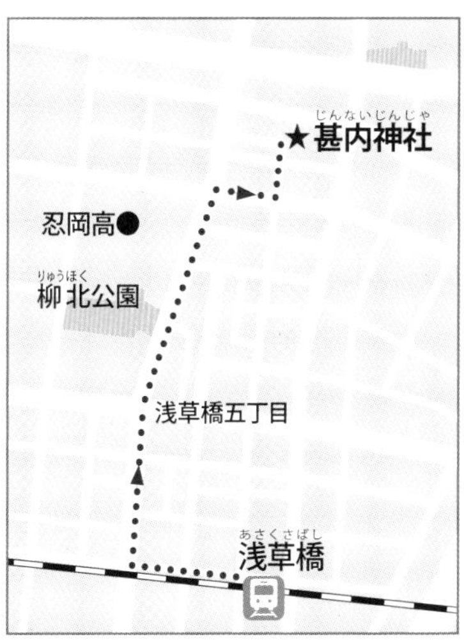

千代田区　地名にのこる甲賀の名

甲賀坂

JR御茶ノ水駅にほど近いNTT駿河台の前から山の上ホテルまでの坂のことで、甲賀通りともよばれているよ。甲賀者が多く住んでいたためともいわれているが、よくわかっていない。

◆千代田区神田駿河台1丁目

坂名は「こうがざか」となっている

国際色ゆたかな新宿区の百人町。この町の名は、伊賀組や甲賀組もいた鉄砲百人組からきているんだ。この町の神社やお祭から、百人組のくらしぶりが見えてくるよ。

鉄砲隊百人組のつつじの町

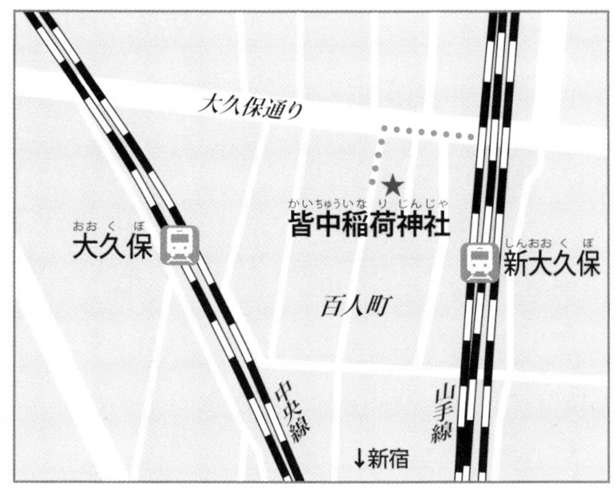

新宿・百人町には、江戸城を守る鉄砲百人組のうち大久保組がくらしていた。かれらは日々鉄砲の訓練もおこたらず非常時にそなえていたんだよ。でも平和な時代が続き、鉄砲を使うことなんてめったになくなってしまった。仕事がへって生活も苦しくなるばかり。そこで、内職として、つつじの花を育てることにしたんだ。花の肥料に使われたのは、なんと鉄砲の火薬の原料だ。ところが、これが大あたり。この町はつつじの名所として、全国に知れわたるようになったんだよ。

「当たる」といわれる

皆中稲荷神社

射撃があたらなくてなやんでいた鉄砲隊が、夢に導かれてこの神社にお参りをしたら、百発百中であたるようになったとか。そんな逸話から、縁起がいい「皆中(みなあたる)の稲荷」とよばれている。

JR新大久保駅、大久保駅、どちらからも3分以内

◆新宿区百人町1丁目11-16/皆中稲荷神社
HP https://www.kaichuinari-jinja.or.jp/

江戸の観光ガイドブックともいえる「江戸名所図会」でも、「大久保の映山紅」が紹介されている

いざ鉄砲組の出陣を見にいこう!

「鉄砲組百人隊出陣の儀」を再現したもよおしが、2年に1度、皆中稲荷神社の秋の例祭にあわせておこなわれている。当時のままのかっこうの鉄砲部隊が町じゅうをねり歩き、火縄銃の発射を目の前で見せてくれるよ。日程・コースなどは確認を。

問い合わせ先　鉄炮組百人隊保存会
TEL070-5459-0888(皆中稲荷神社内)

「鉄砲組百人隊行列」は新宿区の無形民俗文化財にもなっている
(江戸幕府鉄炮組百人隊保存会提供)

当時の装束で出陣する鉄砲隊

「心一つにすれば皆中たる」というのぼり

かわっていく忍者の姿

平和な時代が続き忍者が姿を消していくなか、いままで秘密とされていた忍術書が次つぎと世にあらわれはじめた。また、歌舞伎や本など創作の世界では、すごいワザをくりひろげるスーパー忍者がうまれて人々の心をとらえていったんだ。

内職をしていた忍者の子孫たち

生活が苦しかったのは、ほかの百人組も同じだった。ちょうちんをつくったり、ペット用のスズムシやコオロギを育てたり、傘はりをしたり、どこも組ぐるみで内職をしていたんだよ。忍者としての腕をいかして忍術道場をひらいたり、忍術を見世物にする人もあらわれた。ざんねんながら泥棒にまで身をおとしてしまう人もいたらしい。

忍びの心がまえや歴史もかいてあるんだよ。

忍びの術と精神をわすれない

『萬川集海』や『正忍記』などの忍術書が、世に出てきたのもこのころだ。もともと忍術は口伝といって、口づてに人から人へと伝える秘密のものだったけど、なくなっていくまえに忍者の精神を残しておかなければと思ったのかもしれないね。

伊賀の藤林保武がまとめた忍術書で全22巻。甲賀忍者の子孫たちが幕府に仕事をもとめたとき、この『萬川集海』を示したが、けっきょく、仕事はもらえなかった。

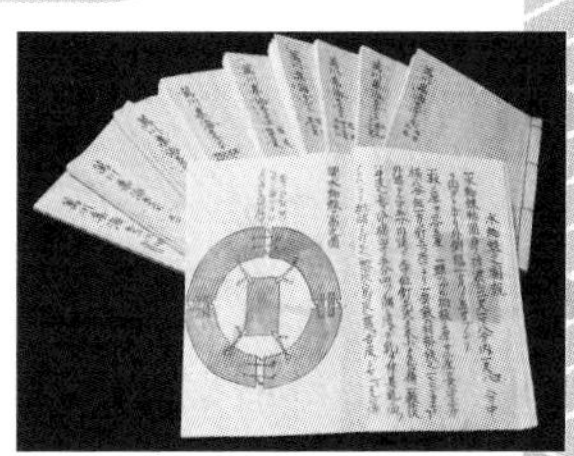

忍者のバイブル『萬川集海』
(伊賀流忍者博物館所蔵)

児雷也・歌川国貞画

スーパー忍者があらわれた!?

じっさいの忍者は消えつつあったけど、歌舞伎や読みものの世界では忍者たちが大活やくしはじめた。妖術と忍術を合体させ、超能力さながら飛んだり消えたりするスーパー忍者の登場だ。石川五右衛門や児雷也といった盗人忍者が、はなやかな術をくりひろげて人々は夢中になった。黒装束の忍者のイメージも、このころの創作忍者がもとになっているんだよ。

ニンジャは世界に広がった

明治時代になると、忍者はほんとうにいなくなってしまった。その後の大正時代、立川文庫という読み物や映画の影響で忍術ブームがおこり、忍術を科学的にとらえたり、その精神も注目された。やがて昭和となり、漫画や小説のほかテレビにも忍者が登場し、忍者ということばも広まった。そしていまでは、アニメやゲーム、ネットをつうじて「ニンジャ」は世界中の人たちに知られるようになったんだ。

『猿飛佐助』立川文庫

でも、ほんとうの忍者のことは、まだまだ知られていないんだよ。

歩いた道の思い出をまとめよう

1 知りたいことをメモしておこう

まずはノートなどに、このウォーキングで「なにを見たいか」「なにを知りたいか」を書いてみよう。たとえば「東京で、忍者はなにをしていたの？」「東京で、忍者はどこでくらしていたの？」「服部半蔵について知りたい」というようにね。

2 下調べをしよう

次に、行きたいところや知りたいことについて、本を読んだりインターネットを使って調べておくんだ。地図もいくつか用意しておこう。わかったことや、気になることは、書きうつしたりコピーをしてとっておく。

3 歩くプランをたてよう

さあ、じっさいに歩くためのプランをたててみよう。地図を見ながら、家を出てから帰るまでの時間も考えて、ルートをつくるんだ。ウォーキングを成功させるコツは、よゆうをもったプランにすることだよ。

ポイント

このとき考えること

- なん時に家をでて、なん時に帰るか。
- どの交通機関を使うのか。
- どこと、どこに行くのか。
- 休けい、トイレの場所、お昼ごはんはどうするか。
- お金はいくら持っていくか。……など。

歩いて見つけたことや感じたことは、メモしたり写真にとっておく。夢中になりすぎて、ほかの人に迷惑をかけたりしないようにね。もちろん安全にも気をつけて。こまめに休けいをとるのも忘れないこと。

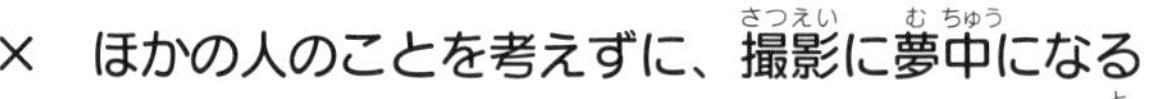

写真を撮るとき　これは NG！

× ほかの人のことを考えずに、撮影に夢中になる
× ことわりもなく、人やものの写真をかってに撮る
× 車や自転車に気をつけて

ウォーキング中は、
チャックつきビニール袋などに、
筆記具をひとまとめにしておくといいよ。
もらったしおりやチケットも、
とりあえずここにいれておけば、
なくさない。

ウォーキングをして感じたこと、見つけたこと、知ったことを記録に残そう。思い出になるし、忍者やたずねた場所のことを調べてまとめれば、夏休みの宿題にもぴったりだ。

歩いた記録をまとめて、自由研究にも

歩いた記録と、調べたことを１さつのノートにまとめれば、自分だけの「忍者ロード・ウォーキングブック」のできあがり。もっと忍者について知りたくなったら、さっそく調べてみよう（テーマの例を参考にしてね）。テーマをきめて整理すれば、夏休みの自由研究にもぴったりだね。次のページにおすすめの本も紹介しているよ。

①歩いた日、天気、だれといったか。

③歩いたルート。写真やイラストも。

TOKYO忍者ロードマップ日記　○月△日

忍者ウォーキング隊結成！

出発 8:20
帰宅 2:30
やく6時間

○○神社…駅から10分。さっそく忍者ゆかりの神社からスタート。おまいりをすませたら、ゆっくり見学。…「やった！おみくじは吉」→△△寺…江戸時代からある古いお寺。忍者もきたことあるらしいよ。→図書館…教えてもらってむかしの地図を発見。→××神社.迷ってやっと見つけた小さな神社。ここは…

かかったお金
・交通ヒ 000円
・のみもの 000円
・おみくじ 000円
・おまもり 000円
計 1,000円

江戸時代は平和で、忍者の仕事はなくなりました。でも東京の町は、少し入るととってもしずかで、いまもどこかに忍者がひそんでいそうな気がしました。こんどは古地図を見ながら歩いてみたいです。くの Kuno

②かかった時間やお金。

④調べたことや感想。

・どんな忍術があったの？　・有名忍者はどんな人？　・忍者の道具や武器はなに？
・忍者は暗号を使っていた？　・伊賀や甲賀以外の忍者は？

忍者への道をさがせ！

忍者の世界に興味をもったなら、もう一歩ふみだそう。忍者について学ぶのもいいし、いつか伊賀甲賀をたずねてみるのもいいよね。きっと忍者のことがもっとすきになるよ。

めざす 忍道をきわめて忍者になる

「忍道」とは忍術をつうじて忍者の精神を知ることで、知恵を学ぶ「陽忍」と、身体をきたえる「陰忍」がある。それぞれレベルアップして頂点にたどりつけば、いつか本物の忍者になれるかもよ。

◆WEBで入門試験をし、忍者協議会の会員になるのが原則。年会費2200円。陰忍けいこ道場は各地にあり（別料金）。／日本忍者協議会 http://nin-do.jp/

忍道入門試験の公式テキスト。『Ninja　英語訳つき　忍者入門』（山田雄司監修／主婦の友社）

ためす 年に一度のチャレンジ　甲賀流忍者検定

年に一度、滋賀県甲賀市でおこなわれる忍者検定。初・中・上級まで。初級は筆記試験のほか、忍者コスプレをしていると点数がアップされる。手裏剣なげや吹き矢の実技もあるよ。

◆主催：甲賀忍術研究会。受験費用は1回3000円。テキスト代が別途1030円（送料こみ1200円）／甲賀市観光協会 http://koka-kanko.org/introduce/kokaryu-ninjyakentei/

検定に挑戦して巻物風認定証をゲットしよう。（甲賀忍術研究会提供）

伊賀上野城からすぐ。忍術実演ショーは、500円。（伊賀流忍者博物館提供）

いく 忍術を体感　伊賀流忍者博物館

忍者のふるさと伊賀にある博物館では、からくり屋敷や工夫された忍具を目の前で見ることができるんだ。忍術実演ショーや手裏剣体験もあり、忍者のことが楽しく学べるよ。

◆三重県伊賀市上野丸之内117　伊賀鉄道「上野市」駅より徒歩約7分。入館料：子ども（中学生まで）500円。9：00～17：00　http://www.iganinja.jp/

よむ おすすめの忍者本

忍者についての本も、いっぱいあるよ。
自分にあった本がみつかるといいね。★はフリガナつき。

忍者のことを見て知りたい★

『なるほど忍者大図鑑』
（ヒサ クニヒコ絵・文／国土社）
リアルでユーモラスな絵で、読んで見て忍者のことが丸わかり。

忍者についてすべて知りたい★

『忍者図鑑』
（黒井宏光著／ブロンズ新社）
忍者の歴史から忍術まで、広く深くわかりやすく知ることができる。

楽しく忍者のことを知りたい★

『乱太郎の忍者の世界』
（尼子騒兵衛文・絵／朝日新聞社）
おなじみ忍たま乱太郎と仲間たちが教えてくれる。内容は本格的だ。

より深く忍者を知りたい

『戦国　忍びの作法』
（山田雄司監修／ジー・ビー）
たっぷりのイラストで忍者世界を知る。大人も子どもも楽しめる最新忍者本だ。

ほんとうの忍者を知りたい

『忍者の歴史』
（山田雄司著／KADOKAWA）
「忍道」の陽忍２級テキストになっている。正しい知識を学ぶために。

有名忍者と忍術を知りたい★

『忍者・忍術　超秘伝図鑑』
（山田雄司監修／永岡書店）
カッコいい忍者がいっぱい。忍術や歴史が楽しくわかる忍者マンガもあるよ。

その他の参考文献

『そろそろ本当の忍者の話をしよう』（佐藤強志著・山田雄司監修／ギャンビット）
『忍者はすごかった　忍術書81の謎を解く』（山田雄司著／幻冬舎新書）
『忍者・忍術ビジュアル大百科』（山田雄司監修／学研プラス）
『忍者文芸研究読本』（吉丸雄哉・山田雄司・尾西康充編著／笠間書院）
『イラスト図解　忍者』（川上仁一監修／日東書院本社）
『忍者の掟』（川上仁一著／KADOKAWA）
『忍者のすべてがわかる本』（クリエイティブ・スイート編著・黒井宏光監修／PHP研究所）
『忍者の教科書　新萬川集海』（伊賀忍者研究会編・山田雄司監修／笠間書院）
『忍者の教科書2　新萬川集海』（伊賀忍者研究会編・山田雄司監修／笠間書院）
『歴史群像シリーズ特別編集 図説 忍者と忍術 忍器・奥義・秘伝集』（学習研究社）
『忍者を科学する』（歴史新書）（中島篤巳著／洋泉社）
『忍者の兵法　三大秘伝書を読む』（中島篤巳著／KADOKAWA）
『戦国忍者は歴史をどう動かしたのか？』（清水昇著／ベストセラーズ）
『戦国忍者列伝』（清水昇著／河出書房新社）
『忍者の末裔　江戸城に勤めた伊賀者たち』（高尾善希著／KADOKAWA）
『江戸時代役職事典』（川口謙二・池田孝・池田政弘著／東京美術）
『江戸城御庭番　徳川将軍の耳と目』（深井雅海著／吉川弘文館）
『ビジュアル侍図鑑①～④』（大石学監修／ベースボール・マガジン社）
『新装版　江戸の町（上）（下）』（内藤昌著・穂積和夫イラスト／草思社）
『古地図で歩く江戸・東京』（山本博文監修／三栄書房）
『図解忍者（F-Files No.050）』（山北篤著／新紀元社）
『忍者の精神』（山田雄司著／KADOKAWA）

TOKYO 忍者ロードマップをお読みの皆さんへ

忍者の衣装で（2019忍者百人衆）

黒装束に身を包んでシュシュッと手裏剣を投げる。そうした忍者のイメージは18世紀以降だんだん作られるようになったもので、実際の忍者は「しのび」と呼ばれて、南北朝時代から江戸時代の終わりまで、情報収集と治安維持のために地道な活動をしていました。

徳川家康は江戸に入ってくるときに、それまで家康のもとで活躍して大きな功績を果たした伊賀者・甲賀者を江戸城の警備の仕事につかせたために、現在の東京には、伊賀・甲賀関係の地名や史跡などがたくさん残っています。原宿が伊賀者に与えられた土地だったり、神宮球場が甲賀者が鉄砲の練習をしていた場所だと知ったら皆さんビックリするのではないでしょうか。

2014年から伊賀上野観光協会・甲賀市観光協会主催で「忍者百人衆～江戸で伊賀/甲賀の気配を探れ～」というイベントを毎年1回開催し、私が案内役となって東京の伊賀・甲賀忍者に関連する場所を歩いてきました。忍者装束を身にまとった100名ほどの集団が東京都心を歩く姿は大変注目されてさまざま報道され、SNSでもその光景が拡散されました。そして、改めて伊賀・甲賀忍者と関わる場所が東京に多いことを痛感しました。

本書ではその経験をいかして、東京の忍者関連地について解説し、本を持って見て回れるように工夫したので、ぜひ五感を働かせて実際に歩いてみて下さい。そうすると、道の高低や風、音、においなど、インターネットや本を見ただけではわからない、いろいろなことを感じとることができると思います。忍者はそうした感覚に敏感な人たちでしたから、みなさんも忍者になったつもりで注意深く歩いてみると、本には載っていないさまざまな発見をすることができるのではないでしょうか。「見る・聞く」のではなく、「見つめる・聞きつめる」ことが忍術の極意ですよ。

そして、こんなものがあったよとか、こんな体験をしたよと教えてもらえると、とてもうれしく思います。

三重大学教授　山田雄司

2019年11月におこなわれた「忍者百人衆」。東京・上野に大人から子どもまでたくさんの忍者たちが大集合